PARA AMAR A LÍNGUA...
É PRECISO LER

PARA AMAR
A LÍNGUA...
É PRECISO LER

DIOGO ARRAIS

PARA AMAR A LÍNGUA... É PRECISO LER
© Almedina, 2023
AUTOR: Diogo Arrais

DIRETOR DA ALMEDINA BRASIL: Rodrigo Mentz
EDITOR: Marco Pace
EDITOR DE DESENVOLVIMENTO: Rafael Lima
ASSISTENTES EDITORIAIS: Larissa Nogueira e Letícia Gabriella Batista
ESTAGIÁRIA DE PRODUÇÃO: Laura Roberti

REVISÃO: Gabriela Leite e Tamiris Maróstica
DIAGRAMAÇÃO: Almedina
DESIGN DE CAPA: Casa de Ideias

ISBN: 9786554271325
Agosto, 2023

Dados Internacionais de Catalogação na Publicação (CIP)
(Câmara Brasileira do Livro, SP, Brasil)

Arrais, Diogo
Para amar a língua – : é preciso ler / Diogo Arrais. – 1. ed. – São Paulo : Edições 70, 2023.

ISBN 978-65-5427-132-5

1. Crônicas brasileiras 2. Línguas e linguagem 3. Língua portuguesa – Estudo e ensino I. Título.

23-154265 CDD-B869.8

Índices para catálogo sistemático:

1. Crônicas : Literatura brasileira B869.8
Aline Graziele Benitez – Bibliotecária – CRB-1/3129

Este livro segue as regras do novo Acordo Ortográfico da Língua Portuguesa (1990).

Todos os direitos reservados. Nenhuma parte deste livro, protegido por copyright, pode ser reproduzida, armazenada ou transmitida de alguma forma ou por algum meio, seja eletrônico ou mecânico, inclusive fotocópia, gravação ou qualquer sistema de armazenagem de informações, sem a permissão expressa e por escrito da editora.

EDITORA: Almedina Brasil
Rua José Maria Lisboa, 860, Conj.131 e 132, Jardim Paulista | 01423-001 São Paulo | Brasil
www.almedina.com.br

Esta obra é dedicada a dois pilares do meu viver:
Yeda Arrais Melo e Douglas Arrais Melo

PREFÁCIO

A língua mãe e a língua madrasta

Balbuciamos sons indistintos. Com o tempo, surgem sílabas e frases curtas. Descobrimos onomatopeias nas interações. A língua que sorve leite solta-se ao ouvir "meu filho". Começa o enraizamento permanente do português no meu cérebro. Meu neurônios serão definidos lusófonos para sempre. Aprenderei outros sons europeus, apenas um foi percebido com o seio fundamental. É a "última flor do Lácio" e, ao mesmo tempo, meu primeiro broto que terá uma longo e permanente crescimento. Sou naquilo que falo e apreendo o mundo a partir do estuário do Tejo. Em português gritarei assustado e sonharei adormecido. O tom único da flor derradeira fluirá natural quando olhar minha mão. O "ão" precisa de DNA lusitano. Comerei pão feliz. Meus irmãos estrangeiros estarão condenados a um anasalamento eterno: paumm...

Sou brasileiro, falo português, aprendi a amar e gritar de medo com os sons de Camões. O latim, inglês, francês, espanhol e alemão tornam-se lindas capas com caimento bom sobre ombros estruturalmente ligados ao "rude e doloroso idioma" de Bilac. Sou brasileiro.

A língua nasceu sem travas no meu cérebro. Surgiu alheia a etiquetas e gavetas. Quando fui embalado e ouvi "dorme, meu filho", jamais imaginei um verbo no imperativo, um pronome possessivo e um substantivo comum. Era apenas um irresistível convite ao sono. Eu era embalado e sonhava sem regras e sistemas.

Na escola, a doce língua materna tornou-se madrasta. Tantos tempos imperfeitos e outros, arrogantes, mais do que perfeitos. A análise sintática virou metafísica e surgiram figuras de linguagem. A forma se afastava do uso. Minha paixão deveria ser traduzida como "amo-te". O mundo proclítico oral tinha de ser domesticado. O pronome oblíquo sempre estaria em um lugar estranho ao ouvido. Poderia até se esconder no meio de um verbo e reinar, mesoclítico, no império da frieza gramatical.

Defeito quase universal da escola: eu deveria saber como eram versos alexandrinos e quantas sílabas tinha um heroico, jamais sentir a força lírica da poesia. Machado foi reduzido a interrogatório policial em provas: "Capitu traiu Bentinho?". Tudo o que eu falava virou vício de linguagem. A beleza foi escavada, retalhada e polida até que virasse a regra pura. Ensinaram-me a responder provas e fiquei bom nisto. A língua viva virou corpo inerte. Eu me sentia estrangeiro nas aulas de língua materna. A guarda do filho

PREFÁCIO

foi retirada da mãe e entregue à madrasta proverbial, rabugenta e rígida.

O texto de Diogo Arrais convida a repensar o estatuto da língua. Nem tudo é materno: o autor luta pela consciência linguística. Não é mais a voz nutriz isolada. Surgem regências e sílabas tônicas. São andaimes. Todavia, contrários à sala de aula, não estarão lá como uma nova forma de falar. Os andaimes amparam o prédio renovado da Língua Portuguesa.

Eu diria, com certo risco de subjetividade, que Diogo não considera a escrita o reino do "laissez-faire" onde tudo pode de acordo com o gosto. Da mesma forma, não é o aro de aço da regra absoluta e impositiva. Aqui flui uma ideia de patrimônio compartilhado. "Gosto de sentir a minha língua roçar a língua de Camões", diria Caetano Veloso. Duas unidades: a minha língua e a do outro, eu e o vate dos Lusíadas. O legado é nosso, mesmo que o poeta seja muito mais talentoso do que eu. Meu uso ressignifica, jamais inventa do zero o legado precioso que recebi. Voltando a Caetano, são "confusões de prosódia", deliciosos colapsos eternos entre essência e aparência. Somos parteiros permanentes da língua, porém, temos de ter cuidado:o bebê nasce já com genética definida. Sou pai, não Deus criando *ex machina*.

Aprenderemos até o último instante. A última, proparoxítona como lembra Diogo Arrais, com acento na antepenúltima sílaba do instante derradeiro, esdrúxula e bela, com afeto de mãe renovado. Primeira língua e último suspiro. Como Camões em Lisboa, morro com ela e nela. Para amar, é preciso ler. Vamos?

Leandro Karnal

SUMÁRIO

Prefácio	9
Substantivo	15
À Direita ou à Esquerda?	17
Um Livro	20
Um Acento e... Tudo Muda	24
Onde	27
Um Mago Sara	30
Exagerada da Cabeça aos Pés	32
Aceita-se uma Ideia	35
Era uma Vez... um Ponto!	37
A Vírgula	39
Gramática à Declaração de Amor	41
Escrever É Insanidade	43
OK!	46
Quem Faz Poemas	48
Tudo Passa	50
A Mentirinha Diminutiva	52
Ficar Quieto	54
Piauí e Crato no Ser	56
Anos-Novos com Hífen	58
Chorão	61

Onomatopeia	63
(Des)Conserto	65
Desvelo	67
A Clínica Prolixa	69
Discordância	72
Bem-Estar	76
O Advogado	78
Ainda — um Advérbio	82
Dois-Pontos e Reticências	84
Todo Mundo Tem um Amigo Eduardo	86
Se	89
Saudade	91
Um mas pelo Caminho	94
O Regente	96
Uma Quase Ode ao Verbo Haver	98
Daria a Vida	100
Os Porquês	102
Conviver	106
Verbo Transitivo Direto	108
Última — uma Proparoxítona	111

SUBSTANTIVO

O amor? Abstrato. Por quê? Depende de alguém para exercê-lo. Sofre, chora, pede, clama, suplica, reza, encontra e, assim, não há mais abstração.

O menino? Concreto. Por quê? É independente, no teor morfológico (na classe das palavras). Na essência humana, dependente de quase tudo, das palavras, das pessoas, da água que o hidrata e, por vezes muitas, da poesia para renascer-se em versos.

A gramática existe como fonte de percepção daquele que clama por clareza e saber. Deus, por ser independente, jamais pode ser morfologicamente abstrato. Eis que... agarrado a essa prosa poética, um garoto decidiu fazer uma breve carta.

São Paulo, março de 2023.
Professora,
Termino este ano como quem descobre a escadaria para o céu. Nela, já é possível um raio de luz, o qual a senhora sempre intitulou como ler, criar e ser.

Soubemos, por meio de seu giz, as classes gramaticais. A Morfologia nos deu prefixos, radicais, sufixos, preposições, pronomes, artigos, mas nada pode ser mais forte do que o interjetivo respeito que tenho pela senhora: "Parabéns!"

O tempo, a despeito da sabedoria, é a pista de um aeroporto, pavimentada por despedidas. Não há como pará-lo.

Terminar este terceiro ano sabendo corretamente que substantivos abstratos são aqueles que dependem de alguém para exercê-los, é algo que esse mesmo tempo jamais vencerá. É eterno, porque a memória guardará no cofre mais precioso, o afeto.

Dos substantivos concretos, lembrar-me-ei (usando a honrosa mesóclise) do quadro, das cadeiras, dos colegas e das canetas. Eles existem e existirão, independentemente de quantos séculos passarem.

O que a senhora professou talvez nem minha própria vida consiga agradecer. Jamais entenda como algo exagerado, hiperbólico. É que lá, na frente, verá que serei um bom imitador de tudo o que aqui vivi.

Com carinho,

À DIREITA OU À ESQUERDA?

Política, no Brasil, de uns anos para cá, tornou-se o isqueiro diante da gasolina. Famílias, amigos, desconhecidos uniram-se ou separaram-se por esse motivo. Do dia para a noite, surgiram especialistas. O YouTube ficou infestado de teóricos.

O fanatismo passou a enxergar até mesmo conspirações linguísticas, gramaticais. Perto de um quartel, um pai, professor, quis dar um exemplo pátrio aos filhos. Disse:

— Olhem aquela placa. Digam em voz alta.

Os filhos foram rápidos:

— Conserve a direita!

Ele veio com o desafio:

— Está certa? Errada?

Milena, uma das filhas, foi sagaz:

— Erradíssima, papai. Seria mais cabível o pronome no verbo e o acento grave...

A mãe, feliz pelo saber, aplaudiu, mas também indagou:

— Conserve-se à direita, Milena?

Milena balançou a cabeça, proferindo um sim convicto. Nisso, o pai trouxe uma reflexão:

— Creio que o próprio governo deva ter tirado o acento, para criar uma mensagem subliminar em todos nós. Vou parar o carro e mandar uma foto para os meus amigos professores.

Assim que o retrato chegou ao grupo, pela internet, a confusão instalou-se:

— Agora não é mais esquerdista, mestre?

Um outro foi ainda mais expansivo:

— Ele está perto de um quartel, com a família. Que isso! Nunca imaginei...

Em poucos momentos, sem que pudesse explicar nada, as filhas viram a tristeza do pai. Manuela, a filha mais velha questionou:

— Ué, o que aconteceu, papai?

— Compreenderam-me mal, aqui no grupo deste aplicativo, filha. O que seria apenas uma mensagem para o desafio textual tornou-se briga.

— Papai, saia desse grupo!

Eles pararam o carro. O clima era de tristeza. Tamanha foi a desconcentração que se perderam no trânsito. Por sorte, havia um táxi. O pai, cabisbaixo, foi tirar a dúvida com o taxista:

— Senhor, para chegar ao Congresso Nacional, será que posso virar à esquerda?

Com rápida alteração na face, esse motorista silenciou-se. Observou criteriosamente as cores na vestimenta da família. Identificou, enfim, um pano vermelho no freio de mão.

— Vocês já estão na esquerda! Comunistas! Não dou informações a quem está infiltrado.

O pai retrucou:

— Meu amigo, está havendo algum equívoco. Só quero saber se prossigo aqui... à esquerda.

O taxista pegou o celular e decidiu gravar:

— Olha aí, Brasil! Uma vergonha de pai ensinando a esquerda para a família. Que vergonha...

Atônitos, foram embora. Milena, a filha mais nova, tentou consolar:

— Papai, foi tudo culpa daquela placa! Não foi do senhor!

O pai agradeceu, dizendo ao horizonte:

— Sim, minha filha, o fanatismo cega o texto, o povo e a compreensão.

UM LIVRO

Toda criança que adentra uma biblioteca está sujeita a salvar, com antecipação, o seu futuro como adulto. Por mais que ela não saiba, mas o acesso a um acervo com obras criativas projetará asas naquele humano.

Ela poderá ser um pássaro. Poderá apagar, ao lado de seus colegas de floresta, o incêndio da falta de criatividade. Será amiga de leões, formigas, cigarras e terá o superpoder de transformar-se em nuvem, para chover nos terrenos áridos que irão fertilizar a mais fina educação.

Ela poderá parar o tempo, apressá-lo, colocá-lo em câmera lenta, vestindo-o com a capa e o anel da justiça. Dará voz aos que merecem, sorrindo para si: "Ela venceu!".

Diante dos superpoderes literários, aquele humano será capaz de afastar o medo maior de estar no escuro, de ser esquecido em um supermercado, de perder os entes que tanto ama. Um livro é um padrinho; uma biblioteca, uma coleção deles.

A varinha de condão é a caneta, o giz, o lápis. Os pensamentos fantásticos, depois do abraço da leitura, escorrerão diante do palco, intitulado papel. Enfim, ah!, a obra...

Ver uma criança, ainda tão novinha, produzindo e reproduzindo o pensamento, é como sentir a felicidade quando um avião de papel alcança voo. E o céu se torna o limite. Uma biblioteca está sempre operando milagres; são proféticas amigas da boa-nova.

Quando a coisa vai para a voz (e a criança consegue ler em voz alta), a pronúncia ganha volume. Cantores, atores e instrumentistas passarão a visitar aquelas cordas vocais ainda em formação. Plurais, fonemas, tons, pausas, até se chegar ao orgulho: "Olha só, titio, o que eu consigo fazer!"

Ela, a criança, a partir desse momento, não se acomodará mais. Será mais respeitosa aos termos, verá a sujeira em xingamentos e terá para o seu currículo um adjetivo: interessante! De longe, é possível escutar um jovenzinho agradável. Nas festas, na igreja, na escola, no teatro...

Ah, sim! A gramática! Será a ferramenta desse marceneiro dos textos e de suas compreensões, porque ele quererá lapidar sua voz, seu saber e suas redações. Será um amigo das conjugações, não por força, mas por sede.

Uma criança que adentra uma biblioteca, pela primeira vez, está ali começando a salvar seu precioso futuro.

Sujeito e predicado. Clara, a amante da sintaxe, ao descobrir o conceito de oração, ficara estarrecida. Tudo agora é sujeito e predicado.

— Mamãe, eu quero!

— Quer o quê?

— Viu ali? Vocativo, sujeito e predicado!

— Menina, você está estudando demais.

— É, mamãe, a professora disse que os advérbios admitem especial função sintática.

— Quê? E que dia você usou a palavra admitir?

— Eu uso. Sujeito e predicado... a alma da oração.

— Como? — indaga em risos a mãe.

— Note: "eu", sujeito simples; "uso", predicado.

— Clara, Clarinha! Isso está me cheirando excesso de estudo e pouca brincadeira.

— Não é brincadeira. A professora ainda falou que pode cair na prova uma tal de e... elipse.

— Menina, você quer me dar aulas? Eu lá sei o que é elipse...

— Tudo bem! Explico: lá na frase (Opa! Oração também), o verbo "uso" tem ligação com "uso o verbo admitir". Entendeu?

— Clara, não entendi foi nada.

— Nossa! A mamãe está precisando de...

— Clara, precisando de quê?

— Ué, mamãe, de conhecer os poderes mágicos do sujeito e do predicado. — gargalha continuamente a garota.

— Vou chamar agora o seu pai. Amor, a Clara está muito engraçada.

— Ela está mesmo muito irônica. — diz o pai.

— Irônica? Que que é isso? — questiona a filha.

— Chegaaaaa! Por hoje, você já foi demais. — dizem os pais em uníssono.

— Menina, vá brincar. Quer um brinquedo?

Ela para. Olha acima e diz baixinho:

— Vocês podem brincar de análise sintática comigo? Nem que seja apenas para falar o sujeito e o predicado... só isso.

A mãe, então, diz:

— Você venceu.

E ela sorridente:

— Sujeito simples, verbo intransitivo.

UM ACENTO E... TUDO MUDA

A secretária, na secretaria, disse a Antônio, seu chefe, que estava muito gripada.

— Não me medico! Vou sim ao médico. E já! — exclamou.

Ela, sábia, sabia dos riscos da famosa automedicação.

— Meu bebê, por exemplo, seu Antônio, só bebe o que é prescrito! Só come coco do bom; por isso, nunca tem cocô fedido.

Rapidamente, Raissa (que odiava ser chamada de Raíssa) ganhou a liberação para ir ao médico. Antes da saída, proclamou o chefe:

— Não se acostume! Neste mundo é preciso que se rale para sair da ralé, menina! Ah! Vou avisar também seus pais! Sabe como anda a violência neste país, né?

Ao chegar ao consultório, olhou para o forro do estabelecimento e lembrou a origem dos chatos espirros: o forró agarradinho à pele com o Édson (apelidado de Pelé).

— Seu nome? — perguntou o médico.

— Raissa!

— Raíssa, ...

— Ops! É Raissa! Meu nome não tem acento, tem que pronunciar o ditongo aí. É "AI": Raissa!

— Perdão, dona Raissa! Que houve?

— Ah! Aqui na Bahia (o senhor sabe, né?), em qualquer baia, a gente dança forró, pele com pele. Pelé me convidou, trocamos umas palavrazinhas. De repente, eu disse que era secretária. Ele disse que eu era mesmo uma babá muito bonita. Troquei baba com ele, por longos minutos.

Para homenagear o momento, pedi à banda um fá maior, e ele ficou fã. A única coisa triste, doutor, é que, nesse ínterim, fiquei inteiramente gripada.

— Dona Raissa, venha cá! Não repare a minha cã: cabelo branco quando nasce é sempre aos montes. Vou lhe mostrar, por meio deste cartaz, nossa garganta.

— Está vendo lá? — questionou.

— Esta garganta? — perguntou a moça.

— Quando se está sob a friagem, sem a roupa de lã, lá fica inflamado, cheio de ira, como os fanáticos do Irã. Em meu último congresso em Roma, aprendi que romã é ótimo para tal incômodo laríngeo. Você se incomoda com essa fruta?

— Não me incomodo, doutor!

— Tome também estes comprimidos, duas vezes ao dia, e ficará curada.

Raissa, diante do tempo gasto na consulta, ficara apenas chateada por não conseguir comprar carne, tampouco quitar pontualmente a dívida, impressa no carnê.

Um acento e... tudo muda.

ONDE

Fazer referência apenas a lugar: uma orientação que vem há tempos. Vem há tempos, com a pretérita referência do haver, descolada da má companhia do "atrás". Cuidadosos jamais deixariam o amigo "onde" distante da ideia de lugar. O problema, apesar disso, está em incomodar-se com as incorreções. E foi assim na vida de João, infelizmente.

A melancolia iniciou-se quando ele, João, entrou em um táxi:

— Esta é uma situação *aonde* fico chateado. O senhor se atrasou demais! — vociferou o motorista.

João notara, de imediato, o pronome maldito, incorreto aos moldes do padrão. Pediu a palavra, mas o motorista foi rápido:

— Endereço? Rua do Cais?

— Do Cais e do caos. — afirmou João.

— Sim, seu João. Esta cidade é caótica, mas o senhor não disse a profissão *onde* o senhor gosta.

A paciência foi ao fim. João balançou os braços:

— Sou bancário e bibliófilo. Amante dos pronomes.

O motorista diz, sorrindo:

— Amante de quê?

João insiste:

— Dos pronomes, ué!

O taxista, demonstrando interesse, complementa:

— Ah, sim! Eu, tu, ele, vós...

Bastou aquela pitada gramatical, para João emocionar-se:

— Quer dizer, então, que o senhor admira os pronominais?

O diálogo escorre firme, enquanto o calor fluminense dá o tom ao papo:

— Sou fã deles. Lembro até aquele poema de Andrade sobre o "me dá um cigarro..."

— Que maravilha! O Modernismo é algo fantástico! Admiro aqueles que se esbaldam na literatura. — quase assim versifica o passageiro bibliófilo.

— Estudei muito a nossa Língua, seu João. Estudei no Dom Pedro II. Recordo cada regra ali aplicada.

— Muito bem! Permite-me uma pergunta?

— Claro, seu João!

— Por que, diante de um saber tão apurado, o amigo usou, de forma tão deselegante, o pronome relativo nas duas sentenças iniciais deste educativo papo?

— De propósito, meu caro! Assim que verbalizei as sentenças, reconheci as afinidades e pude reconhecer que o senhor sofre do mesmo mal.

— Que mal?

— O vício gramatical.

Bem perto do endereço, aquelas almas abraçam-se. O motorista nega-se a cobrar e corrige-se, para a surpresa de João naquele dia tórrido:

Este é o carro *em que* reconheço amigos de livros e de almas.

UM MAGO SARA

No momento em que vi Saramago, o tempo parou. Os olhos não eram mais; passaram a ser ouvidos; uma espécie de cegueira dos apaixonados tomou conta do meu ser. Em tudo, eu via e ouvia Saramago. Cheguei ao ponto de cheirar as páginas, como se estivesse sentindo o odor da salvação.

As vestes dos parágrafos eram distintas. A aparente desordem era a sinonímia de uma gramática única, rápida e espantosa. Rendi-me a ponto de tentar escrever algo que abastecesse minha alma. E fui:

Só com vírgulas somos mais, crescemos em ritmo, lembramos Ravel, vamos entrando de fininho nas emoções, porque a literatura é o casco anti-ignorância, no estado mais puro de aprendizado, tecendo valores, criando desafios, alargando neurônios, enquanto o café apita lá na cozinha ao fundo.

É preciso pedir desculpas a Machado, o rei da ordem, de Capitu, herói em Helena, tão gigante em traduzir o Corvo, mas vem de Saramago a pressa em ser feliz, em ver como os olhos são pleonásticos a quem não os quer, em saber que ainda restam os rebeldes à linguagem, à crase das personagens, ao jeito tão seu, Mago, de redigir tão belo o que parecia caos.

Quem somos, para onde vamos, quanto tempo nos resta, quantas são as palavras a serem escritas, quantos autorretratos serão permitidos no rolo da câmera, quantas vezes ainda sentiremos, quantas vezes cruzaremos o semáforo, quantas vezes lavaremos a louça, quantas roupas serão postas no varal, quantos versos, quantas estrofes.

Um Saramago jamais aparece sem deixar marcas, no mínimo, serão expulsos do comodismo aqueles rebeldes do comodismo literário, aqueles mentecaptos das palavras ríspidas, repletas das intenções de machucar...

Entrego-me, rendo-me, aplaudo, fico nu de emoção e, mesmo à cegueira, as pálpebras enchem-se de devoção, no rio límpido dos proparoxítonos em admiração, é belo, é infinitivo, é para sempre.

: é. — disse Deus.

EXAGERADA DA CABEÇA AOS PÉS

—Nossa! Que absurdo! Vocês precisam rever o preço das coisas. Não volto mais aqui. — vociferava a senhora, conhecida como hipérbole, a exagerada.

A criançada mais estudiosa do bairro comentava, quando a via passar:

— Olha a figura de linguagem, mais uma vez irritada com o preço das coisas.

Socióloga, ela sempre andava com uma sacola de pano repleta de livros. A face denunciava o peso daquele miniacervo. E ai daquele que questionasse, aconselhando qualquer leveza, como volta e meia fazia o porteiro:

— A senhora gostaria de diminuir...

Pronto! Ela detestava aquele verbo e qualquer semântica que expusesse o antônimo dos excessos.

— Menos nunca será mais. Vai me ajudar se tiver mais um livro, para eu carregar.

Quando chegava a uma cafeteria climatizada, detonava uma sentença:

— Vocês querem matar de frio os clientes? Quero seis xícaras com expressos duplos.

— Seis??? — questionava a atendente novata.

Puxada à socapa por um colega ouviu o apelido hiperbólico. Sorrindo, discreta, atendeu ao pedido, dizendo:

— São 66 reais.

A devolução interjetiva, somada a um soco no balcão, assustava até o vidro:

— Crucifiquem-me! Vim tomar café, não um jantar francês, oras!

À mesa, a senhora abria 10, 12, 15 livros, acompanhada de inúmeras canetas. Munida de um leque gigante, interagia com os trechos dos livros:

— Vou ficar careca de tanta hipocrisia na sociedade atual. Não é líquida coisa alguma, é mais ácida que qualquer fosfórico. Deus do céu!

Não satisfeita com o sabor do café, ela pedia:

— Esse negócio de sachê não funciona aqui no Brasil! Moça, traga logo um quilo de mascavo! Pelo amor...

Horas e horas depois do café, ia à universidade constantemente para palestrar. O público ficava vidrado em suas apresentações, em altíssimo som. Absolutamente tudo na vida daquela mulher era intensamente marcado pelo exagero. Ao final de cada encontro, protestava ao microfone:

— Que dia será... o bendito dia em que o governo vai quadruplicar as caixas de som aqui?

Os estudiosos que a desconheciam estranhavam, mas admiravam a forma genuína de viver dela. No colóquio, era sempre comum alguém urrar:

— Hiperbólicaaa!

Ela respondia:

— Você não viu nada, meu filho! Não viu nada! Eu vou é quebrar tudo aqui, até que me tirem desta cruz da Sociologia. Vão estudar ou ficar aqui com esses imensos olhos de espanto?

Na volta para casa, pedia dois, três, quatro táxis, para não haver o risco de atrasos ou cancelamentos surpreendentes. Os motoristas, acostumados a seu jeito, embalavam reclamações sobre tudo, sabendo de uma voz patrocinadora ainda mais forte, mais ampla e mais alta.

Assim que chegava ao lar, ligava o som nas alturas, cantarolando clássicos boêmios de Nelson Gonçalves.

Num belo dia, os exageros deram lugar ao silêncio. Crianças, porteiro, vizinhos, as atendentes do café, os fãs na universidade notaram, pela primeira vez, o sumiço da hiperbólica da Sociologia.

O ambiente ficou emudecido. Enfim, o inacreditável... No seu canto preferido, encontraram-na sozinha. O sentimento foi de um teatro com as cortinas cerradas. No infeliz dia de luto, as homenagens respeitosas tiveram de recorrer aos encantos das formas mais suaves da língua, chamadas de eufemismo: "a senhora mais genuína desta cidade feneceu e tornou-se estrela".

ACEITA-SE UMA IDEIA

É terrivelmente belo escrever um texto quando não se tem uma ideia; quando se passa pela cabeça um enorme vazio; a sensação de que a gramática foi desaprendida.

A falta de uma ideia é como estar sobre o palco — diante do teatro lotado — e o silêncio do ator iluminado tomar conta da agonia presente. É como tentar ouvir um trompetista que desaprendeu, súbito, a soprar.

É terrível, mas é belo. Terrível pela expectativa, belo porque a estranheza pode resultar numa surpresa a ambos: ao artista e à plateia. Como na vida, desobedecer (grafando mesmo quando não houver a caneta certa) também constrói.

O choro pelo vazio num texto será tão verdadeiro e agonizante que a plateia sentirá imenso gozo pelo sanguinário alheio, e sei lá se perceberão o tal esquecimento textual. Talvez gritarão: "Bravo!", "Belíssimo!", "Fenômeno!", "Quanta sensibilidade!" — quando, na prática, nem imaginam a tragédia da ocorrência.

Será que isso deve acontecer com o artista plástico? Ele deve acordar todo empolgado, tomar um ótimo café, sentindo o amor. De repente, nada, nada e nada. Xinga, rabisca com fervor da ausência, detesta tudo e todos e... dá à luz uma obra.

Dessas carências, é impossível não se recordar do fotógrafo, quando nada lhe vem. Qual é o tema desta foto? Ela é apenas o registro de um dia em que absolutamente nada vinha. Ficou nu de inspiração, preto e branco e... Trac! Está ali o feito fotográfico.

Creio ser isso mesmo: faltando o tema, é melhor aceitar sua presença, sem ser mal-educado com esses lamentáveis parágrafos, aceitando-os como quem cumprimenta vizinho mal-humorado no subsolo, puxando um papinho para ser diplomático:

— Hmmm! Comprinhas de fim de semana?

— Não, não, deixei no carro, porque estava com preguiça.

É preciso aceitar quando falta a ideia. Aceitar e nada mais.

ERA UMA VEZ... UM PONTO!

Um ponto reprova. Outro aprova. Por um ponto, ganha-se. Por outro, perde-se. Em cada frase da vida, há um deles. Um ponto termina, para outro período começar.

Um café, à esquina, é o ponto de encontro. Ali, entre expressos e diálogos, são diversas as conversas e as personagens: os adoradores de futebol, os do novo governo, os que fofocam e... estudantes vários.

Enquanto bate o ponto, um funcionário desse café observa outro estudante exaltado, aparentemente pelo atraso, no ponto de ônibus. O tráfego caótico, as buzinas e a fumaça dos automóveis pontuam a rotina da sinfonia urbana, para o garoto ainda indisciplinado.

Lá na escola, a aula primeira é a de Língua Portuguesa. O tema? Pontuação! Ao questionar sobre as reticências, a colega — após um desaforo irônico, antes da professora — diz: "Três pontinhos, um ao lado do outro."

O estudante, afeito aos desleixos, vicia-se no interruptivo sinal. Em todas as suas mensagens, lá estão os "três mosqueteiros": "Oi... td bem... preciso... de... um favor... tem como me passar cola na prova de sintaxe..."

No último exame, já como se espera, a reprovação é seu ponto final.

Tomado pela tristeza de ver a mãe apontando o dedo em riste, promete: "Organizarei o texto de minha vida!"

...

No outro ano, passa a acordar muito cedo. Com os lápis apontados, já é o primeiro a chegar e a sentar-se. Por tamanha disciplina dele, a professora diz: "Temos aqui alguém que aprendeu a pontuar a vida e os estudos."

As redações do adolescente passam a ter parágrafos cientes e pomposos. As respostas, na prova, ganham um ar elegante. Em tudo, é um ponto a mais: na educação; na elegância.

Num belo dia, apaixona-se. Graças a um bilhete, escrito à mão, é retribuído. O teor da mensagem?

"O ponto que me reprovou no ano passado é o mesmo que ensinou a amar, a conhecer você e a mim."

A VÍRGULA

Se sou fã de um sinal, é a vírgula, com todas as suas esperanças contínuas em uma mensagem, com seu tom de poder dar a dupla compreensão, de colocar um advérbio em seu lugar, de separar o tal vocativo, de enumerar o quer for possível, de organizar, de ofegar e, quando ela quiser, bagunçar toda a casa, deixando vestígios gramaticais estranhos, culpando o escritor sob bizarrices gramaticais, pode ser por estilo, de a vírgula intitular o trecho como artístico, sinalzinho pelo qual respeito máximo se deve dar, é, vírgulas malditas!, diria o leitor, exaltaria talvez o professor, confundir-se-ia o orador, mas quem sabe ao certo a sensação é o do texto autor, porque nada mais sarcástico do que frases soltas, matando de curiosidade e desejo, frases diversas para fazer metalinguagem, texto sobre o texto, que diabos busca-se mesmo com algo sem um divisor?, é riscar à toa, sem tanto compromisso, ouvindo o silêncio de cada til sobre consoante solitária, desempregada, uma espécie de vício, jogada às traças na esquina fonológica, ri a vírgula separadora, tesoura, artéria sintática, e se cortar será o risco de jogar sujeito e predicado no lixo, o resquício do que seria são, ordenação, é um louco o que falta à aula de pontuação, já que só entende quem consegue organizar, é sofrimento, enorme lamento, ter que criar, sem ter ideia, porém com ela, vírgula, é capaz de fazer a roda de um pobre texto girar, dando uma sensação bacana de mundo, na alegria de que tudo perdurará, se a vírgula é vida, como será o ponto-final?

GRAMÁTICA À DECLARAÇÃO DE AMOR

Uma das formas de tocar-te é com as palavras, com a nossa concordância verbal peculiar, única, com a função sintática de amar, de reconhecer sintagmas de alegria, complementos nominais recíprocos, coisa que nem a gramática das normas seria capaz de sentir.

Uma das formas de tocar-te é com as frases, com as interjeições inventivas após o nascer do sol, à tarde exata com as crases receptivas, do nosso jeito brando, obrigatórias ao nosso miocárdio, em respeito às nossas vírgulas, às nossas pontuações certas (após locuções de sussurros), aos tempos verbais que criamos tão subjetivamente, correndo subjuntivos imprecisos, sem a loucura dos imperativos mal-educados, mas certos de que as pessoas pronominais mais belas do mundo são eu e tu, nós, expelindo sujeito composto por corações ávidos de predicados sinceros, livres, respeitosos: abraçando predicativos que tu soubeste ensinar a mim.

Uma das formas de tocar-te é com as figuras de linguagem, com as metáforas mais vermelhas de tua estrada labial, de tuas onomatopeias convidativas, das hipérboles de nossos bilhetes na porta da geladeira, das elipses elegantes — de redigir apenas o que for preciso ao bem-estar deste livro, Vida. É com catacreses hilárias, epizeuxes de vocábulos rimados pela devoção.

Uma das formas de tocar-te é respeitar tua regência, teus nomes, tuas preposições, tuas conjunções, teus conectivos morenos que me remetem aos textos mais surreais desta Terra, tuas paisagens solícitas, teus campos semânticos, tuas inferências em meio àquela classificação particular: substantivo, com função de sujeito simples e determinado, agente de um verbo transitivo direto, onipotente com o sentido de encantar.

Tu és a ciência mais fantástica, com o poder de reinventar todas as lições que — em um dia — achei que compreendia. Digo isso, pois, antes, meus pronomes não sabiam apontar o que, hoje, é o real amor.

ESCREVER É INSANIDADE

Mente quem diz sobre a facilidade da escrita. Escrever é sofrimento, escrever é difícil, escrever é doloroso e ainda exige atenção a uma determinada norma.

Não há, por exemplo, neste mundo, texto decente destituído de revisões: a revisão quanto ao conteúdo ou a revisão gramatical, por exemplo.

Que sofrimento é ter uma ideia aparentemente genial e, aos quarenta do segundo tempo, perceber a maldita ambiguidade! Pior ainda: a busca por uma ironia que nem sempre acontece, já que a temática talvez a impossibilitaria?

Não bastasse isso, há normalmente uma vírgula indevida separando sujeito e predicado, um acento gráfico mal-educado na oxítona finalizada em U. Há a cardíaca concordância verbal, implorando pela nominal, que — pela tensão de um determinado enredo — pode colocar a ideia no fundo do poço.

Daí, o escritor reza. Faz um café. Liga e desliga o computador. Decide apelar para o lápis. Surgem e somem mais ideias.

Já consciente da dor que é a escrita — e sem se importar pela solidão constante frente ao papel — o redator inevitavelmente tem um inimigo dos parágrafos: o tempo. O tempo aniquila palavras; o tempo é o causador de o cidadão engolir sílabas. O tempo, na realidade, sufoca até a vida.

Além de pensar no encaixe da ideia, no encaixe gramatical, é preciso pensar no limite de linhas imposto. Para um concurso literário, um concurso público ou mesmo um romance, há que se respeitar o limite imposto. No entanto, a vontade do escritor é redigir sem pressa, sem tempo, sem regra, sem concurso algum.

Oxalá, no céu, o ser humano possa escrever apenas quando quiser, da maneira como quiser, para quem quiser, a quantidade que quiser. De verdade, lá seria o paraíso do escritor.

No Éden, a escrita que não comete pecados, que — de tanto ser julgada na Terra — estará livre de edições. Que se despedirá dos casos facultativos de crase, das mesóclises tão perfeitas em divindades, das infindáveis reticências, dos verbos defectivos, das regências sanguinárias, dos quês que nascem como capim.

Que diabos fazem os fantasiosos em dizer que a escrita não traz dor? Estão, pois, apaixonados, cegos, em estado máximo de uma transa com as palavras; em uma metalinguagem sacana, a ponto de divulgarem a beleza que é o ato de escrever. Dizem apenas que é preciso ler, dormem com dicionários, roçam dedos, braços e pernas em notas gramaticais — admiram hífen e lutam por um mundo ortograficamente mais puro.

A um ser normal, de carne e osso, é pleno sofrimento ver o papel em branco, a responsabilidade à porta, a gramática com o tridente e as ideias passeando em locais distantes.

OK!

"OK!" é uma palavra cretina. É feia à beça, cafona ao extremo. Sua frieza e seu comodismo vêm há muito tempo.

Imagino um sujeito que redige ao chefe:

— Bom-dia, senhor Gomes! Recebi o e-mail e já convoquei todos os colaboradores do Setor BETA para uma nova reunião.

Ansioso por demonstrar um bom trabalho, recebe como resposta:

— OK!

Não há como negar que o subordinado se sentirá instantaneamente mal. Vida que segue, e que ele nem pense em reclamar disso.

No amor, então, o "OK!" é como chamar briga. É ríspido, insensível demais (independentemente da ocasião e da hora):

— Passei a tarde inteira lendo mensagens que me fazem recordar o nosso amor. Que assim seja sempre, no calor de nossos corpos e almas. Amo você!

OK!

O rei ou a rainha das desculpas tecnológicas da rapidez louca do cotidiano envia como r-e-s-p-o-s-t-a:

— OK!

Com isso, é garantida uma rápida e revoltante ligação telefônica, com um bom puxão de orelha diante do ato mal-educado. A questão não é nem a reciprocidade sentimental, mas a falta de educação, como a do sujeito que insiste em não responder o cumprimento de um vizinho no elevador.

No meio familiar, pode ser ainda mais grave. Isso levaria a um castigo doloroso, e uma mãe poderá deixar de conversar com o filho pelas próximas décadas:

— Meu filho, que Deus ilumine seus passos em mais esta viagem de férias! Bom descanso! Mamãe ama infinito você, criaturinha!

— OK, mãe!

Que dor é a abominável mensagem relativa, de maneira irônica, a "tudo bem!". Por isso, não a uso, não gosto de recebê-la e rezo para que todos a esqueçam (bem longe).

QUEM FAZ POEMAS

Ema, poetisa de primeira linha, resolvera abandonar a veia sentimental por recente decepção amorosa. Ela não achava justo receber pedradas ao invés de flores; abreviações no lugar de palavras. Pegou todo o seu arquivo poético e decidira que incendiaria cada verso. Faria uma espécie de ritual, ao lado de sua melhor amiga. Não titubeou e pegou o telefone:

— Rita, Ritinha, não quero mais saber de homem algum. Apareça hoje aqui, às nove, e não precisa trazer nada. Beberemos o melhor.

Rita mal teve tempo de pronunciar ao contrário o nome de Ema (como sempre fazia alegremente). Atendeu ao pedido da amiga e chegou o mais pontual possível. A porta já estava entreaberta, e a cena era a mais lamentável possível (com exclusão do Jazz ao fundo).

— Ema, por favor, não faça isso. É tudo tão lindo e profundo. Não deixe que o mundo molde seu jeito de ser.

Ema estava convicta. Tinha um choro carregado, que durara intensos minutos, mas — à medida que

Rita implorava ser ouvida — as lágrimas menos densas eram.

— Ema, minha Ame benquista, minha poetisa, logo você que me ensina tanto amor! Eu imploro, continue cuidando de nossos miocárdios!

— Eu? Quem sou eu? Sou apenas uma mísera escritora engavetada da rua dos Remédios, 45.

— Quer mesmo morrer de sede das palavras? Que autoflagelo é esse de não se render ao seu dom azul mais nobre? Você é mar em peito, numa maré cirúrgica de amor. O que faremos sem sua sensível arte? — insistia a amiga, já tomada por uma inédita sensibilidade.

Nunca se desafia um amante de paragens drummondianas. Ema curvara-se diante das inúmeras resmas grafadas. Pediu perdão às páginas como quem pede perdão a um ente querido. Beijou muitas delas.

Rita ofereceu-lhe uma caneta, e versos surgiram puros como nascente de rio. É Ema já ciente de que não consegue viver sem amar... e sem escrever.

TUDO PASSA

Pronome indefinido e verbo intransitivo, tradutores de uma frase sábia, madura, professora da paciência.

É diante do problema que os colegas se afastam, pois no corre-corre das cidades não é bem-vindo quem confessa situações desagradáveis. É diante da notícia ruim que a gargalhada extingue-se. Na mente, as interrogações "por que comigo?", "por que conosco?" atrapalham o sono, a digestão, a serenidade.

É assim na Arte, é assim no Esporte, é assim na Escola: a tristeza fez e fará parte, bem como a alegria.

Até a felicidade passa: um amor despede-se sem deixar bilhete na geladeira; a narração do gol aos 45 acaba; o riso frouxo tem fim; as férias terminam; a luz também se apaga.

Que tristeza seria se somente alegria existisse! O som tristonho de algumas notas do violino não faria novas músicas e novos músicos, a lágrima refletiria apenas vitórias, o aprendizado seria o pó abaixo do tapete, o enfermo não repensaria o percurso vital.

Se houvesse apenas alegria, seríamos idênticos na resposta sobre o "estar tudo bem".

Alguns eventos não tocam campainha, pois verificam a presença da fé; outros, ainda piores, preparam nossos pensamentos, para que sejamos ainda mais fortes e humanos.

Iremos um dia, para onde não sabemos; iremos com ou sem dinheiro; iremos com poucos ou muitos amigos; iremos com ou sem homenagens; iremos hoje ou daqui a algum tempo. Iremos — é uma certeza.

Ir, com uma nobre história, já é uma questão de escolha. Saibamos: o desconforto fabrica milagres.

A MENTIRINHA DIMINUTIVA

A verdade absoluta ou a mentirinha diplomática? Difícil opção, por mais que as sagradas leis que advêm da alma denotem a verdade como lema.

Em uma segunda-feira cinzenta, por exemplo, posso chegar ao trabalho e soltar um "tudo ótimo!" sem pensar na força do vocábulo e, talvez, sinceramente refletindo, soltasse um "não parei para pensar se estou bem. É muito cedo! Não penso muito pela manhã".

Já até imagino o que sentiria o receptor da frase se eu assim dissesse. Pensamentos ou respostas do tipo: "Sujeito louco esse!", "Você está mal?", "Acho que você está deprimido!", "Cara mal-educado! Só perguntei para saber se está tudo bem!"

Em outro caso, ao sentir o mau hálito de alguém, poderia (na condição de máximo sincero) enunciar: "Estou sentindo mau hálito no ambiente". Pronto! Arruinaria tudo! Por isso, tenho lá minhas dúvidas com a absoluta verdade.

De outro lado, a mentirinha diplomática é como o sorriso do síndico, capaz de fazer com que os outros digam: "Esse sujeito tem carisma!" ou "Nossa! Você é uma pessoa que está sempre bem, sorriso no rosto sempre! Parabéns!".

Como outro prático exemplo, quando visse algo esdrúxulo, soltaria: "Que camisa bonita! Diferente! Gostei!"

No entanto, o "xis" da questão é que sou sempre traído por minhas feições e até me recordo das inúmeras vezes em que fui chamado de cínico. "Rum! Seu cínico!". Por que cínico se eu disse o que ela esperava? Porque a palavra é uma tentativa diplomática, mas as feições têm olhares sinceros.

Daí, fico tentando umas mentirinhas sinceras, mas fui aconselhado — por dogmas e pessoas — a seguir a verdade em quaisquer casos. Fazer política é arte, mas por delação premiada perdi convites, amigos e amores.

Este texto, por exemplo, não sei se é cínico. Perdão peço, mas fui sincero!

FICAR QUIETO

Quantas vezes apenas me arrependi por não ter esperado mais para dizer a palavra certa! Foi sem querer, mas saiu o impensado. Não tive a santa paciência e tudo se transformou numa onda gigante, atropelando todas as melhores intenções.

E quando não disse por simples tímida bobagem? Eu deveria ter dito alto, com toda a minha paixão intensa. Mas não disse, e o tempo se foi, e eu não mais encontrarei aquela oportunidade que era tão minha. Não tenho mais aquela idade, os dias são outros, os sóis também. Deveria ser ali. Foi-se.

Palavra proferida tem estas "coisas": às vezes, não uma, não duas, seriam três lentas, formando um período simples: eu – amo – você. Que imoral é a beleza da ordem direta, do sujeito simples, declarando-se em pronome reto, repleto de caráter e arrepiantes intenções. Intenções, também, verbais, as quais precisam ser conjugadas com todas as vírgulas ali atrás.

Quem mesmo nunca vacilou por conjugar amor, em vez de amar? Qualquer um... e as boas intenções de um discurso pacífico acabam se transformando em um infeliz substantivo abstrato. Amar, 1ª conjugação, exige o respeito ao presente do indicativo: eu amo, tu amas, ele ama; amamos, amais, amam.

Ah... o amor! Quem disse que este texto é sentimental? Não é. É apenas sobre o vacilo enorme que existe no "dizer", no "não dizer" e no "desdizer".

Conhece aqueles chamamentos horrorosos, do tipo quando somos mais relaxados, como: "Meu filho!", "Minha filha!"? Chefe e cônjuge detestam isso. É fazer e explodir em fracasso comunicativo. A forma "meu filho" serve para pai e mãe e... olhe lá!

Então é ficar em silêncio? Depende. Às vezes, o gemido faz muito mais sentido para o oracional, para o oral da Língua (lá vem você com mente poluída!), para a negociação ou a sustentação de argumentos diante do Ilustríssimo Senhor Desembargador do Direito.

Na verdade, bem verdadeira, eu só fiz este texto porque me lembrei de quantas vezes eu deveria ter ficado quieto; lembrei-me de quantas vezes eu deveria ter gritado; lembrei-me de quantas vezes eu deveria ter dito, porém um pouco mais pausado.

PIAUÍ E CRATO NO SER

Tenho um gosto especial pelas minhas origens nordestinas. Vovó é do Crato; mamãe, de Teresina, no estado do Piauí. Durante toda a minha vida, ouvi expressões que me fizeram ser um apaixonado pela Língua Portuguesa.

Das expressões nordestinas mais criativas: é um bicho besta. O homem que, às vezes, por vergonha besta, não fala o sentimento, não o descreve, só porque os outros cabras vão logo fazer uma piada mais besta ainda, é um bicho besta.

Surgem aqueles com a dificuldade da expressão (e aqui merecem todos os cumprimentos!), mas que — ao chegarem próximos de quaisquer vidas — vão logo deixando todo o mundo emocionado por causa da simples presença. Esses cabras nem podem falar muito mesmo: senão, o povo iria viver chorando como quando o Brasil ganhou a Copa de 70.

A bestaria está nos fuleiros que morrem de vontade de dizer ou de escrever — e até saberiam fortemente emocionar —, mas ficam apenas zoando da sensibilidade. E não crescem, e estagnam, e as coisas mesmas incríveis do mundo não giram, já que a palhaçada da sisudez bizarra vai criando o famoso machão velho besta. Deixa de besteira, cabra! Vamos aprender juntos as infindáveis trilhas do sentimento.

Aumenta essa viola, abraça com força, pede perdão, faze um jeito novo de brincar com os outros, ri do que tem graça, conquista a mulher, responde, estende a mão para quem é cego de esperança, dá novas formas de dizer com coragem como é bom viver.

Bota o som dos Beatles ou do Luiz Gonzaga, liga para tua mãe amada, surge uns versos, uns pedidos educados, confessa e resolve. Crê na força matutina, incentiva teu funcionário, elogia teu chefe, mas fala bom. Fala bom, é só isso que o canário no quintal da tua vó pede.

É como estava pensando mais cedo: o homem que não fala de amor é um bicho mesmo besta; fica procurando, procurando, querendo conquistar deuses e fundos, enquanto é no sentimento mais puro toda a solução, esse tudo de que eu, ele, nós precisamos.

A tarefa da expressão é árdua, mas é só ir se soltando sem medo de besteira: gente verdadeira gosta muito de sensibilidade. "Bora falar de ser, macho besta. Ser agora, sem maldade."

ANOS-NOVOS COM HÍFEN

A chamada terceira idade tem uma magia especial. Por isso, de uns tempos para cá, passei a observar gente com a experiência de "dezenas de anos-novos". O atual hábito ocorre-me porque os cabelos brancos andam crescentes em mim. Grisalhar é uma espécie de nova puberdade.

A lotérica, ao lado de minha casa, passei a frequentar mais: casa da sorte é lugar de quem já teve muitas dores. Olhando um senhor que preenchia sorridente o bilhete, perguntei: "Por que o senhor ri para o bilhete?". A resposta foi tão mágica quanto toda a sapiência alheia: "Esses números representam o nascimento de cada filho e netinhos meus. Tenho seis. Uma megassena perfeita! Esse amor pode me dar sorte".

Nas saudosas bancas de revista, lá estão os velhos ricos de amor, opinião e leitura. Vendo um senhor indignado diante da manchete, fui intrometido: "Nosso país está um caos, hein?". A réplica foi-me um susto: "Não é isso não! Os jornais andam muito resumidos, as palavras usadas sem muito cuidado. Deve ser essa tal de internet. Saudade dos tempos nobres, quando a Folha era algo bom de se ler. Era tão bom que a gente recortava e guardava em casa".

Na feira dominical, foi batata: bastou a mim sentar, pedir um pastel com caldo de cana, aproximar-me de uma senhora e dizer lentamente: "Que alegria é comer o simples!".

Ela — com os olhos brilhosos desde a década de 30 — recitou: "Eu e meu marido, quando tínhamos sua idade, sempre vínhamos a esta feira. Ele comia com uma mão só. A outra? Ficava agarrada na minha. Foi o homem que mais amei na vida... e olha que isso não é fácil não. Ah! Mas Cláudio tinha esse dom de me apaixonar levando-nos para os passeios mais inesquecíveis. Era elegante, moço, nunca saía de casa sem molhar os cabelos; tinha uma sandália de casa e outra para a rua. O cheiro dele está até hoje no meu peito".

Ouvinte atento, não deixaria escapar a oportunidade de aprender: "O que é o amor na sua visão, bendita senhora?".

Sua sobrancelha rápido mexeu, um engolir preciso houve e a reflexão abraçou meu ego bobo: "O amor, moço, é tantas coisas e às vezes uma: é a saudade do Cláudio; é me lembrar menina, vendo meu pai com as pernas cruzadas num bar em Botafogo; é minha mãe ouvindo Orlando Silva e cantarolando. Eita! Nunca vi mulher mais linda que minha velhota naquelas saias costuradas à mão divina. Amar dói a gente, mas é bom. Não tive filhos, por isso tratava e trato o povo como família. Cláudio e eu viajamos demais, juntinhos. Teve uma vez que ele passou meses tentando decorar um poema de Neruda. Fomos para o Chile. Quando chegamos na casa desse escritor preferido dele, ele esqueceu tudo. É emoção isso, né?".

Agradecido pela lição, nem o pastel consegui comer. Embalei para viagem. Beijei a mão daquela senhora. Fui embora, como se tivesse saído da terapia. Redigi na parede da convicção: a terceira idade é mesmo professoral.

CHORÃO

Tenho que admitir: sou muito fraco com sentimentos. Não pretendo jogar contra eles, pois sei que não vou vencê-los. Também não é o meu desejo fazer isso. Mensagens atenciosas têm um poder intenso de mudar o meu dia, a minha vida.

Seja falada, seja escrita, seguindo ou não a gramática normativa, mensagens sentimentais acionam a fábrica de lágrimas que sou. Meus amigos às vezes me dizem:

— Não seja trouxa. Você vai é se machucar!

E eu sempre desobedeço.

Sou um caçador dessas mensagens do peito. No aeroporto do Galeão, que agora é Tom Jobim, passei uma vergonha horrorosa. Em frente ao restaurante, havia um poema de Vinícius e fui cair na besteira de lê-lo em voz alta. Não deu outra: disparei a chorar. Uma comissária que passava, com toda aquela elegância, perguntou:

— O senhor está passando bem? — nem caí na besteira de dizer que estava recitando para mim mesmo.

Neste ato de confissão, também houve um dia em que consultei meu amigo médico Hugo Sócrates para saber se existiria remédio contra a emoção. Irônico, ele disse:

— É não viver.

Muito mais que cenas de filmes, os discos de vinil do Frank Sinatra... Ah! São uma sacanagem só às pálpebras. O inchaço chega a durar 48 horas. Exatamente dois dias: já calculei isso, porque quando ouço os bolachões na sexta-feira, é só praticamente na segunda o dia de receber alta.

Minha busca vital é mesmo por momentos únicos em emoção: quando presencio que me perdoam e compreendem essa espécie de "anomalia", fico lotado de "muito obrigado com olhos úmidos"!

Já não me sinto importunado com os vários apelidos que ganhei: manteiga derretida, chorão, dramático... Acho engraçado.

Com os dias vividos, parei de pedir ao Grande Relojoeiro do Mundo para me tirar a chuva de lágrimas. Porque, que seria de mim se não houvesse a emoção?

Nem inteligência artificial, nem aplicativo de celular, nada substituirá a coragem e a legitimidade da água mais purificada do mundo: aquela que mostra alguém feliz.

ONOMATOPEIA

A casa sempre fica em euforia quando um filho começa a soltar sons. Mãe e pai, por amor, deciframé até mesmo o espirro.

— Atchim!
— Bem, ele está quase falando...
— Toc-toc!
— Está vendo? Ele já sabe o que é a porta.

A mãe, para comprovar a façanha, aponta para a porta. O garotinho Luca é incisivo:

— Toc-toc! Mááaááááá!

O pai, vibrante, parece não acreditar. Corre ao relógio.

— Lucaaaa, e isto?
— Trim-timmmmm!

Pronto! Festa feita! Luca conhece o topo das onomatopeias, das palavras que reproduzem sons.

A língua de Camões, daquele instante em diante, naquela casa, passa a ser onomatopaica.

— Lucaaaa, olha o toc-toc!
— Cof-cof não, é trimmmm!

E lá vai ele para mais um atchim! De repente, um gritinho e:

— Pum!

A mãe corre, busca a fralda, verifica e diz ao pai:

— Agora a gente já sabe que um atchim, um pum e... território a ser limpo.

Movido pelo olfato, vem nova palavra:

— Eca!

Eca se torna adjetivo. Exemplo: relacionar ao time rival no futebol.

— E o Vila, Luca? O Corinthians? O Atlético?

— Eca!

E as onomatopeias reverberam-se pela casa:

— Rá-rá-rá!

Luca até já conversa com as réplicas dos animais:

— Au-au! Muuuuuu! Quá-quá...

Entre tantos sons, brincadeiras e puns, eis que a campainha toca. São a avó e o avô. Vestidos com a mesma camiseta futebolística do temido time naquela casa, eles pedem:

— Vem cá, Luquinha!

O geniozinho dispara:

— Eca!

O casal solta um rá-rá-rá:

— Estão vendo? Luca já sabe falar.

(DES)CONSERTO

As histórias marcantes são grafadas pela ponta do verbo desconsertar. O que fica para sempre é o amontoado do incerto, da não (des)obediência, do não provável em pleno sol de meio-dia.

Personagens presumíveis não dão outra cara ao enredo, a não ser aquele pautado pelo fim da carne após nascer, crescer, reproduzir talvez e morrer. E morrem mesmo! Dissolvem-se no imaginário do povo, da cidade, da cultura e do país.

O tempo na história eterna nunca foi, de fato, esse mesmo tempo dos relógios impostos aos funcionários assediados das empresas nas esquinas retilíneas, enfumaçadas pelo egoísmo de ter e não ser.

O tempo de uma história maiúscula não permite o envelhecimento, não caricatura sorrisos, tampouco se atrasa — porque o eterno é sempre a fotografia de uma lição atual.

Quem pretende narrar uma história sem-fim empolga-se ao dizer das palavras; chora ao contar o inusitado e rasga de emoção a plateia.

Personagens amadas têm o especial dom de criar o nascer do sol; são alucinadas pelo registro distinto do viver. São engraçadas, querem mesmo é inventar piadas de formigas "gargalhantes" que pregavam peças nas cigarras metódicas a cantarem sobre o galho apodrecido.

Por isso, guardaremos sempre em nossos filmes da memória os dias-mais-que-dias, as saudades-mais-que--dores, e vamos querer sim é olhar para trás sempre que nos lembrarmos dos eventos mais desconcertantes, pelos quais nunca imaginaríamos passar.

Como diz a filosofia de botequim: "Quando existem o bem e a coragem, a vida se ajoelha, emoldura nossas passagens e dá norte a uma viagem espetacular".

Por falar em espetáculo, é esse desconcertante que está no palco, que lê detalhes, que sabe o poema *Quadrilha*, que canta mais alto, que abraça o azul do céu, que beija o piano, que sente aromas desconhecidos, que viaja mais, que cria palavras, que repete "quês" sem se desesperar, que espera sem se machucar, que às vezes deixa para lá.

Desconsertar é uma caneta — sempre — fantástica.

DESVELO

Ouvia uma das minhas canções preferidas, quando me deparei com uma palavra que desconhecia: desvelo. Chamei o dicionário e pisquei três vezes antes de conferir o aprendizado.

Desvelo é substantivo advindo do verbo desvelar; significa grande cuidado com alguém; é a extrema atenção; ato ou efeito de dedicar-se.

Lembrei o desvelo de meu avô para com os netos assim que chegávamos à sua casinha tão simples e tão rica — enfeitada de coisas de avô como a balinha 7 Belo, como a pizza quadrada, e o povo gritando as gargalhadas de adulto no quintal coberto por telha de amianto.

Lembrei o desvelo de meu amigo Gu, da sua bondade irretocável ao perguntar sempre aquele "como você está?", com um jeito aparente bronco e coração de manteiga, de amigo que honra o vocábulo e seu sentido. Amigo é um professor de desvelo: ensina com ação; por isso, é desnecessário ver a palavra grafada.

Lembrei o olho brilhante de minha prima Haylla, que — se pudesse — gastaria todos os anos da carne admirando a felicidade dos outros, pois entende que o desvelo, a atenção e o bom carinho são a salvação de um mundo ainda muito salgado e representativo. O maior dom de uma pessoa é o brilhar dos olhos, é a poesia ocular de que alguns fazem questão.

Parente e amigo quando envelhecem com ternura, então, adquirem a maestria do desvelo e passam a exalar afeto e lição. No fundo da alma devem caligrafar: "é preciso desvelar-se".

Desvelar-se perante os corações fábricas de compreensão, como irmãos (sanguíneos ou não), dizendo-lhes quão importantes são; chorando sem medo, confessando corajosamente, dividindo o que de melhor temos.

Desvelar-se perante os bons-dias de desconhecidos, de seres bem-educados a sorrirem pela vida; desvelo para com os mais necessitados; desvelo para com quem sofre; desvelo para com a palavra curadora; desvelo para com o tempo; desvelo para com a paciência; desvelo para com o novo; desvelo para com o que nos faz bem, e às vezes não vemos.

Desvelo: dedicação, solicitude, venida, zelo.

A CLÍNICA PROLIXA

Não existe sala de espera agradável. Lá, pode haver o que for. Será sempre um lugar agonizante.

— Moça, quando será a minha vez? Ficarei muito à espera?

— Espere aí. Vejo já.

— Lamento, senhor. O doutor está um pouco atrasado.

A tentativa de passar o tempo apela para a criatividade. O paciente abre um vídeo pelo celular. O vídeo é chato. O tédio aumenta. A recepcionista nota, ficando constrangida. Decide invocar para o inusitado:

— Às vezes, o doutor está com alguém no fim da vida. O protocolo exige que tenhamos paciência.

Bum! O paciente parece ter se comovido.

— Então, é melhor não chegar a minha vez.

— Vez de quê? Da consulta ou da vida? — interage a recepcionista.

— As duas coisas. Sabe, tenho fobia enorme de médicos, hospitais, salas de espera. Sinto que algo...

Ela interrompe:

— O senhor está ótimo, saudável, demonstra agilidade, tem uma pele bonita. Pode ficar tranquilo.

O paciente, superauditivo, instala-se numa sensação de conforto. Agradece e pede um café.

— Veja só como tem um cheiro bom esse grão. Hmmm...

— Ué, não estou sentindo nada.

— Devem ser resquícios de Covid, senhor. Em breve, volta ao normal.

Pronto. Está refeito o caos. Preocupado, as mãos e as axilas suam. Os olhos piscam sem controle algum.

— O doutor precisa me ver, não acha?

— Sim. Vou lá checar.

São cinco minutos até surgir a resposta. Serena, monótona, ela informa:

— Senhor, lamento muito. O médico está enrolado. Não quer remarcar o seu dia?

— Que é isso? Como eu fico aqui? Sem olfato, nesta agonia, um ser que parece bem, mas que está se sentindo mal... O que está acontecendo, Deus? Só quero saber o resultado dos meus exames. Nada mais. Diga a ele isso.

Empática, a recepcionista volta à sala do médico. Visivelmente abatido, o profissional confidencia que o caso é sério. Diz para remarcar e fecha a porta.

Ela, então, recorre à forma branda no falar. Prolixa, com uma série de termos protocolares e nada objetivos enuncia, como estratégia no discurso:

— Reconheço que, pela expressão do profissional, a sentença a ser proferida será vital aos seus recursos cardíacos, uma vez que o paciente aparenta ter uma disfunção não programada. Em caso de não remarcação da consulta, haverá a demanda de recursos financeiros insatisfatória ao caso do conveniado.

Ele entra em parafusos:

— Você está falando de mim ou da pessoa? Meu Deus, já não sei mais... nem um simples texto sou capaz de reconhecer. Não estou bem. Por favor, vamos remarcar.

Ela continua:

— As bases contratuais do convênio demandam agendamentos após o aceite da central...

O paciente agoniza. Levanta-se para ir embora:

— Vou-me! Até mais. Não entendo mais nada.

A atendente indaga e exclama:

— Senhor? Senhor! Quer que eu repita?

DISCORDÂNCIA

No intervalo, Henrique e Mauro, colegas de sala, ampliam a voz. Eles são opostos em quase tudo.

— Chefão, já é dez hora. Bora aí uma aposta? — pergunta Mauro.

— Não! São dez horas e dois minutos. Já se passaram alguns minutos. A despeito disso, o que viria a ser uma aposta? — expõe Henrique.

— Massa! A gente sorteia uma letra. Cada um tem 30 segundos para escrever o nome do time. Quem errar primeiro perde. É 50 reais.

— Aceito, mas são 50 reais, certo? — ironiza o irretocável Henrique.

— Lá vem você com mania gramatical. Beleza! Você me paga!

Eles sorteiam a primeira letra... B.

— Barcelona! Agora, sua vez, Maurinho!

Nova letra... V.

A demora instala-se. Passam-se 20 segundos. O cronômetro arrepia o momento. De repente:

— Vasco! Ufaaaa...

Neste instante, a sala cala-se para observar aquele ringue cerebral.

Sorteio... D.

— Dortmund! Sempre tive apreço pelos times alemães. Meu pai vê os jogos comigo.

É sorteada a letra... W.

A turma começa a gargalhar. Os mais sarcásticos já cravam a vitória de Henrique. Um, lá no fundo, grita:

— Mano, essa ele não vai saber nunca! Rá-rá-rá!

Maurinho teme. Olha para cima. Olha para Henrique, enquanto ainda tem birra por ouvir do colega "apreço pelos times alemães". Restando poucos segundos, bingo! Ele diz até com lentidão:

— Werder Bremen! Yes! Também tenho os tal apreço dos alemão...

Henrique corrige:

— Meus parabéns, mas são os tais apreços pelos alemães.

A sala vai à loucura. Parece uma final de Copa do Mundo. Outro sorteio. E a letra? Y!

O azedo do fundo grita:

— Manooo, essa ninguém sabe.

Henrique é categórico. Tem em casa a camisa do time coreano, adquirida em recente viagem ao lado dos pais. Responde com sotaque:

— Yangju Citizen.

Próxima rodada. E a letra para a vez de Maurinho: E.

Nem cinco segundos passaram-se:

— Emelec.

Henrique cumprimenta o adversário. Papéis mexidos e... letra C.

Agora, toda a turma sorri. Um dos mais quietos e discretos tem a audácia de dizer alto:

— Esse Henrique é de sorte demais! Fácil, fácil.

Ele desdenha, apesar da elegância característica, e promove um discurso:

— A cultura futebolística alemã é fantástica. Sempre que vou lá, penso que será o meu recanto acadêmico e profissional. O time com C? O Chalke!

Mauro parece não acreditar. Parece estar em frente a alguém imbatível em conhecimento. No entanto, a colega Manuela questiona:

— Mas Schalke não se inicia com S?

Urros são proferidos na classe. Enquanto isso, o professor entra, achando estranha toda a balbúrdia.

— Garotos, o que é isso?

Manuela é rápida:

— Professor, o time Schalke, alemão, é grafado com C ou S?

O mestre é mais veloz ainda:

— Com S, é claro!

Henrique desaba. Desaba, percebendo o imperdoável, como o atacante do gol perdido aos 52 do segundo tempo.

Maurinho, o rei das discordâncias, comemora:

DISCORDÂNCIA

— É 50 conto no bolso!
Em fôlego final, o derrotado corrige:
— São 50! São 50 contos.

BEM-ESTAR

Bem-estar: satisfação das necessidades físicas e espirituais. Sensação agradável de segurança.

Gozar de todos os minutos em frente à lareira, com os sonhos entrelaçados de confissão; deitar-se sob a sombra de nossa árvore no sítio, sentindo o vento musical; ler histórias antes de dormir, finalizando com um abraço confortante. Bem-estar mesmo é o estado máximo de devoção dos nossos olhares, nossas intimidades, frases, inquietudes e interjeições.

Quando nos sentimos bem podemos respirar calmamente, sem ser ofegantes em cobranças inúteis; fixamos retinas sem que ninguém ao lado seja objeto de desejo; respeitamos limites, gostos, manias; queremos intensamente (e apenas) o que traz a felicidade alheia.

Falamos sem machucar; agradecemos mais do que pedimos; a caridade brota dia a dia; olhamos mais a quem parece sentir dor; gostamos mais de pôr do sol; dinheiro deixa de ser o personagem principal; o chefe na empresa já não é mais tão chato; a paciência renova-se; já não importa se o semáforo demora a abrir; todas as canções no rádio passam a ser bonitas; as roupas quaisquer não mais cafonas são; as crianças tão lindas passam a ser observadas; a gargalhada insana também faz sentido; o latido é sinfonia; faça chuva ou sol, o tempo é bonito; o orvalho toma uma forma gigantesca em nossas percepções; a violência nos choca; xingamento é repúdio; poesia deve ser todo dia; propagandas na tevê não incomodam; o barulho do vizinho é compreendido; regamos as plantas na varanda apenas para amar mais e mais.

Bem-estar é ouvir; é deixar o ego de lado, hibernado (talvez e espero!) para sempre; é fazer cartinhas sinceras; escrever nosso livro; cumprimentar pessoas que não conhecemos; ouvir sílabas dantes bizarras; suar; pedir pastel na feira; correr como Tom Hanks; deixar de temer fobias; viajar e conhecer a Islândia; aplaudir; ficar em pé com a coluna reta; buscar afinação até nos oxítonos portugueses; comer macarronada; limpar agendas; riscar paredes com os nomes que nos marcam; ver o lado de minorias; atravessar córregos; tomar café; respeitar o vinho; dar queijo às visitas; pedir a porra do perdão; chorar enquanto toma banho; é ser e ser, porque ser é ser.

Bem-estar é um estado de fazer o que se quer, com quem se quer, na cantiga do responsável.

O ADVOGADO

Difamado, Sebastião corre ao escritório do doutor Saulo. O advogado, como é conhecido na redondeza, tem uma ótima fama, apesar do jeito estranho ao formar frases. Os mais próximos do jurista chegavam até a absorver o saulismo (uma espécie de dialeto da amizade).

O diálogo é intenso em confusão:

— Doutor Saulo, estou com ódio do meu chefe! Ele me difamou. Precisamos urgente entrar com um processo. O senhor acha que estas provas são suficientes?

— Basicamente, deixe-me perceber o aparato desta resma. Dê-me, por obséquio.

— Na hora! É já!

— Hmmm... basicamente, o senhor precisa entender que efetivamente tais provas geram uma possibilidade coerente de podermos avançar diante da Corte. Quer que sigamos subitamente na apelação, nobre Sebastião?

— É assim... se o senhor então acha que não...

— Gentilmente, veja. Minha visão é antônima, nobre. O que expus basicamente é para que Vossa Senhoria siga avante.

— Há sim. Então é algo mais numa gramatical, de texto, antônimo, correto?

Doutor Saulo começa a arrepiar-se, impaciente.

— Em hora zero, eu articulei diretamente para que o caso remetesse ao léxico, ao bárbaro de ênclises normativas.

— Doutor Saulo, apenas agradeço o gesto! Então, posso buscar uma compreensão maior do que houve comigo, porque vejo que o processo é difícil.

— Meu caro Sebastião, efetivamente preciso insistir na percentagem maiúscula dos louros altamente possíveis.

— O senhor é maiúsculo, doutor Saulo. Sigo confiante agora!

— Elegantemente, presto visão à sua face ainda cheia de tédio desconfortavelmente frente ao caso. Lutemos, pois, até que tal Golias resuma-se a pó.

— Ele fez mesmo isso, doutor! Lamento que minhas provas ainda sejam fracas, mas eu juro que meu chefe fez isso comigo.

— Sebastião, há algo irremediavelmente contra mim, neste momento, visto que expus firmemente sobre a proparoxítona possibilidade de argumento pró?

— Sim, sim, doutor. Entendo que preciso melhorar... as provas.

Dr. Saulo então chama a secretária. Para ele, não daria mais. Fala baixinho:

— Juliana, tendo em vista toda a exposição aqui firmada, declaro-me impotentemente inábil para lidar com um cliente assim. Leve-o para fora e acerte a consulta com ele.

Sebastião, sorridente, espera o veredito.

— Então, doutor, qual a sua avaliação?

Saulo suspira em advérbios:

— Efetivamente temos um alto índice para que cheguemos subitamente a uma jurídica retratação por parte do seu chefe. Vá lá fora, pois Juliana, minha secretária, ...

Sebastião interrompe, parecendo trazer uma novidade:

— Ah, entendi a sua língua! Agora eu entendi. A maiúscula efetivamente proparoxítona indica uma ímpar chance de...

— Vencermos, nobre! Vencermos irremediavelmente, entendeu? — alivia-se o jurista.

— Efetivamente, doutor. Enquanto o senhor falava minutos atrás, parece que se instalava sutilmente um dialeto persuasivamente interessante para protocolarmos...

— A ação, meu caro! — completa Saulo.

— Exatamente! Sigamos, pois, neste propósito brilhantemente exposto pelo senhor. Obrigado pela aula de Direito e de Língua. Quais são os nossos novos passos, doutor?

— Diferentemente de outro instante, no qual me pareceu haver uma inaptidão diante do léxico, creio que a consulta nova será brevemente.

— Combinado, Vossa Excelência!

Após sair da sala e acertar a consulta, Juliana vai ao encontro de Dr. Saulo. Diz:

— Apesar de tudo, parece que vocês dois falaram a mesma língua, não falaram?

— Efetivamente, cara Juliana! As pessoas demoram, mas basicamente pegam no tranco.

AINDA — UM ADVÉRBIO

Ainda tinha oito anos de idade, ainda tinha medo de me trancarem no porta-malas, ainda tinha o vovô, ainda viajávamos para o Guarujá, ainda jogávamos futebol de areia com o Bia, ainda não conhecia os Bee Gees, ainda fazia catequese e, volta e meia, penteava os cabelos das pernas tortas de meu pai.

Ainda assistia ao programa do Serginho Mallandro, ainda ficava de birra, ainda usava o uniforme na escola, ainda andava na Parati verde da tia Gesa, ainda comia a galinhada da Dona Maria, ainda buscava minha mãe no trabalho, ainda achava o *shopping center* o maior lugar do mundo e me escalava na Seleção Brasileira de Futebol.

Ainda trocava o sono pelo videogame, ainda ganhava carrinhos do meu padrinho (nem me atinava para a etimologia do termo, *pater, pai*), ainda comungava sem tantos pecados e morria de medo de não ir para o Céu.

Ainda decorava comerciais das tevês, imitava os Trapalhões, ria da mesma frase proferida com os meus irmãos na escada de casa. Era mais gostoso ainda o pão de queijo. Era ainda tão obediente por sair com roupa nova, com o cabelo liso, partido ao lado. Ainda mal sabia ler, mal sabia contar uma história, mas ali estava... de corpo e alma.

E não é que ainda sou como criança, que ainda não tenho medo do ridículo, que abraço as palavras, que rio do riso, que rio da vida, que rio de mim, que simplesmente acredito em sonhos!

Aprendi que o tempo passa, mas ainda é possível vê-lo passar bem. E no ainda dará sempre tempo de viver um pouco mais.

DOIS-PONTOS E RETICÊNCIAS

• nunca se vá, nunca se despeça, mas se chegar a hora,
• saia de fininho, apague a luz, mas à francesa, não me deixe vê-la, não me faça sofrer, não quero abraços finais, não quero bilhetes tórridos de dor, não quero ter que ficar a observar o horizonte e pensar na vida pós-ida sua, porque qualquer um sabe que despedidas são sanguinárias, são navalhas afiadas diante do coração a pulsar, são como crianças solitárias esquecidas na escola após o fim da aula, são como cachorros encoleirados na porta do supermercado, são paisagens cinzentas que clamam pelo sol, é como sentir-se sozinho na festa de ano-novo, é querer e não poder, é sofrer em reticências que não acabam, é trabalhar sem nunca ter férias, é ver o mar e não poder se banhar, é ter a palavra de amor sem ninguém ouvi-la, é — e você sabe — um sofrimento desgraçado o tal do desprender-se do laço sentimental, não nascemos para isso, não fomos concebidos para estar longe de ninguém, nunca houve na história desta carne de duas patas mamíferas uma sociedade de alguém só, nunca houve na literatura o registro de um romance assexuado, monossilábico,

solitário, em monólogo, não, nunca houve, e é melhor mesmo que não haja, pois não podemos alimentar a canalhice dos que se vangloriam por não ter de dividir absolutamente nada com ninguém, os famosos egoístas indivisíveis, de mármore, na poesia semiexistente, e também por isso eu imploro mais uma vez não ter que dar tchau! para justamente não sentir o oposto do mundo, que é ter que se virar tão-somente sozinho, é melhor que eu me engane e toque a campainha, abrace o vento e o travesseiro, tendo a imaginação de cada curva sua, de cada gesto de carinho, de seu amor eterno, pois já disse a todos os meus amigos que serei o primeiro homem a vencer o viciante vazio da solidão...

TODO MUNDO TEM UM AMIGO EDUARDO

Logo que comecei a praticar esportes, puseram-me em um grupo de Zap (o apelido brasileiro para o aplicativo de mensagem urgente). A primeira frase foi uma resposta de um tal Edu:

— Amanhã vocês vão no treino não

Um outro colega, mais ácido, perguntou:

— Isso quer dizer que sim ou não?

Eduardo reelaborou o texto, aparentando impaciência:

— Eu apenas incentivei... será que você sabe ler?

Airton, com empatia à gramática textual, redigiu:

— Edu, é melhor rever a mensagem... você sempre traz algo confuso.

Outros conseguiram enxergar a intenção de Eduardo:

— Sim, ele foi bem claro na mensagem, oras! Está incentivando o grupo.

Um senhor retrucou:

— É porque faltou a pontuação.

Eduardo, então, se esbaldou:

— Tá vendo Airton...

Airton na sagaz resposta:

— Quem me vê? Obrigado!

Pronto! Figurinhas divertidas e símbolos foram lançados no grupo, enquanto uma impaciente decidiu sair dali.

(Lis saiu)

Eduardo enfumaçou ainda mais o clima:

— A colega saiu do grupo e o motivo são vocês não...

Airton enfatizou:

— Não mesmo!

Edu rebateu:

— Eu fiz uma pergunta cara...

Um piadista que quase não aparecia ali:

— Se fosse mais barata, talvez ela tivesse ficado, Edu.

Com mais gasolina na fogueira, cheia de lenha entre os "amigos", Edu, então, partiu para o ataque final:

— Alguns se fazem de difícil não entendem... é difícil demais!!!!!

Airton, o sarcástico maior, deixou duas possibilidades:

— Alguns se fazem de difíceis, não entendem.

ou

— Alguns se fazem de difíceis não, entendem.

Amargurado em sorrisos, Eduardo desistiu:

— Tudo. Bem. Aqui. Vou. Usar. Todos. Os. Pontos. Ô. Povo. Chato.

Airton termina:

— Muito bem! E... não se eduarde!

O novo verbo passou a ser usado quando alguém despreza a organização textual. São gramatiquices típicas de um grupo que leva tudo na esportiva.

SE

Ninguém pode deduzir o estado alheio. Sem que exista a confissão, não é possível saber ao certo como uma alma está.

Se o sorriso está solto, pode ser apenas uma piada incrível, ou a pose para uma foto histórica.

Se a pessoa parece abatida, pode ser o desgaste dos últimos meses, ou um longo voo Tóquio–São Paulo.

Quem se cala pode ter sentido vontade de poupar a voz. Pode ter sofrido chateação, ou seja, está tomando saudáveis lições com o vazio belo do "não barulho".

Se parece doente, pode ser uma virose chata que insiste em impedir a essência de saúde do cidadão. Pode – também — estar num pós-operatório daqueles. Pode ser nada.

Se está branca demais, não gosta de sol. Se está superbronzeada, tem a dádiva (ou não) de uma vida praiana, trabalhando às vezes mais que a média populacional.

Se não tem trabalho, enjoou de trabalhar, quer dar um tempo, ou se aposentar de vez. Se trabalha demais, pode ser uma fuga, ou a missão de mudar milhares de vidas de outros trabalhadores numa empresa.

Se parece rica, está apenas gastando com intensidade o que lhe resta na conta bancária. Se pobre, está guardando segredo sobre uma renda formidável a que chegou.

Se sensível demais, homo, artista, chata, em luto, ou nada disso. Se bronca, mal-educada, deselegante, é roqueira, faz decatlo, ou não se comunica por palavras.

Se fala de sexo, é compulsiva. Se não fala, é frígida.

Se está solteira, colheu a solteirice, optou por isso, ou está numa tristeza profunda. Se está casada, pode pensar em se separar amanhã.

Se isola de tudo, virou monge, surtou, evoluiu, está num retiro, ou se rebelou.

Apenas o "eu" para dizer ao certo o que se passa. Ele e mais nada. Todo "se" guarda suposições, se usado em condicionais.

SAUDADE

Poucas vezes fui buscar no dicionário a palavra saudade. E lá está: "Sentimento evocatório, provocado pela lembrança de algo bom vivido ou pela ausência de pessoas queridas ou de coisas estimadas".

A gente já nasce sabendo o que é. Desde muito cedo, a saudade é usada. Para alguns, um substantivo cruel, que deveria ser extirpado do percurso da vida. Para outros, sinônimo do que foi bom, e o termo deve estar naturalmente na convivência.

Fato é que um comando especial é acionado na memória, quando alguém pergunta: "De quem você sente saudade?"

Das tardes em minha avó, do seu jeito fino de palestrar, da sua forma respeitosa ao falar de quase todos, da sua esperta ironia ao tratar dos deselegantes. Do seu jeito de profetizar a fé, da companhia à igreja, quando íamos juntos à confissão comunitária, das suas preocupações com a minha carga de trabalho, da sua pele da mão, enrugada pela coragem de ter desbravado este mundo. Dos doces, dos bolos, da macarronada, da cozinha, da varanda com as cadeiras de cordas plásticas, do vocativo que nunca mais pude proferir olhos nos olhos: "Vovó!"

Todo mundo, em saudade, consegue sentir um cheiro; consegue lembrar uma canção; é apto a cores, cartas, poemas, fotografias, confissões, gestos e segredos. Sentir saudade é uma forma de voltar no tempo, sentar na calçada, lembrar Natais, amigos-secretos; a ingenuidade de quando nem sabia da finitude.

Mas as coisas acabam, a vida também. A de carne e osso se desfaz aos poucos, para tornar-se memória. E dessa recordação, a palpitação, somada aos rios de lágrimas, conceitua uma saudade.

Mal posso olhar uma lapiseira, para me lembrar de meu pai. Um azul distinto, no grafite zero-ponto-sete. Mal posso ver um copo americano, é meu tio quem ali está. Mal posso ver um telefone público, para lembrar quando telefonei da praia, jovem, para meus outros primos. Um cartão-postal? Tem a grafia dos familiares que imigraram para os Estados Unidos.

Em saudade, prefiro o viés dos episódios sorridentes ao viés dos ruins. Prefiro recordar a Kombi, com os vidros abertos, na viagem à minha Goiânia. O sentir dos ventos que sonhavam um Rio de Janeiro, no qual poderia escrever romances, sem ser julgado pelos clichês da Língua Portuguesa que, num dia, me salvou.

Só não se deve sentir saudade de amar, tampouco de viver. Isso deve caber em episódios curtos, em que o desacreditar remeta à lembrança do que deve ser feito, como tomar um banho de chuva, sem se preocupar com detalhes vaidosos.

Porque todas as vezes que a palavra mágica é acionada, a mente deixa de ser um lugar escuro para trazer um pôr do sol ao mar do agradecimento. Saudade.

UM MAS PELO CAMINHO

Fico muito triste quando durmo, mas não sonho. Acordar assim é um susto. Quando sonho, consigo sentir que está chegando ao fim, que preciso me despedir daquela aventura, para voltar ao mundo chamado real.

No sonho, já estive nu na sala de aula, pensando "meu Deus! Como pude esquecer a vestimenta?". O sofrimento, o suor, o desespero eternos daquela confusão tamanha... a gargalhada dos colegas. De repente... o alívio de saber que era sonho, a coberta quentinha, o travesseiro, o cheiro de amaciante.

No sonho, já me emocionei ganhando competições: a imagem congelada das pessoas vibrando, gritando, a olhada para trás conferindo o 2º lugar e o grito de campeão. O troféu, o locutor dizendo a biografia. Via, nessa viagem, até gente que já faleceu.

Ah! Eu já até fiz gol em final de Copa do Mundo. Sonhando, claro!

Já sonhei explicando o conceito de Crase Facultativa; fui entrevistado pelo Jô Soares; já sonhei que estava no Big Brother (pensando onde diabos vim parar!); já sonhei com o Scooby-Doo e abracei emocionado o Salsicha.

Num dia maravilhoso, em que meu travesseiro encheu-se de choro, eu chutei o barril do Chaves, e meu amiguinho de infância subiu. Eu disse:

— Aqui está o sanduíche de presunto. Vamos chamar o Quico?

Acordei tão chateado com o fim da fantasia, que reclamei: "Poderíamos não sonhar! A desesperança no fim do processo é como quando não somos retribuídos na paixão. É amargo, é ácido!".

Certa feita, cheguei a sonhar com o meu avozinho. Era uma vila. Ele aparecia com a mesma vestimenta cinza, o mesmo jeito calmo de quem vai me dar dinheiro para comprar balinhas no Bar do Brito, nas velhas ruas do Cruzeiro do Sul. E a gente só falava pelo pensamento, o abraço era meio mágico, porque não dava para sentir a carne em si, era somente a imagem.

Dessa vez, eu acordei feliz e agradecido. Passei a entender que o sonho é uma das partes mais mágicas e emocionantes do meu dia. Deve ser por isso que gosto tanto da minha cama, porque ali sei que — vez ou outra — vou concretizar o que o coração já rascunhou.

Alguns desses sonhos, eu gosto de repetir no mundo real das coisas, porque me levarão às lágrimas e a olhar para cima:

— Agora é de verdade, eu não estou sonhando.

O REGENTE

Igor tinha um cuidado acima da média: observar a regência dos verbos. Era maníaco em selecionar preposições tidas como corretas. Para ele, a faxina deveria ser feita sempre que alguém ousasse desarrumar a sala de estar das sentenças.

— *Assistiu o* filme, Igor?

A resposta vinha com a acidez de quem deglutia o gramatical:

— Não trabalho na produção do filme. Porém, *assisti ao* filme sim. Eu o vi.

Muitos davam o título de ranzinza a esse homem. Quando estava sozinho, era pior. As correções ficavam mais ácidas durante o telejornal.

— O preço mais alto da carne *implica em* protestos.

Gritava:

— Meu Senhor Iluminado! *Implica* protestos. Não faz sentido algum inserir "em" na bendita estrutura.

As cacofonias, somadas à moda no simpatizar, irritavam-no mais:

— *Se simpatiza* com a obra de Caetano?

— *Se si...* não. *Simpatizo com* tudo de Caetano.

Na família, havia uma fama:

— Mãe, lá vem o regencial... Lá vem o regencial!

A mania deu lugar a uma decisão mais forte: Igor decidiu estudar Letras, para deleitar-se em verbos, preposições e regências. Ali, estaria no Éden. Emocionou-se ao começar os estudos mais avançados de Análise Sintática.

A devoção era tamanha a ponto de sonhar com casos facultativos de crase, locuções prepositivas. Acordava sorridente.

Tudo em sua casa brindava a ferramenta de Fernando Pessoa. A Língua era o alimento de Igor. Enquanto isso, perdia a admiração das pessoas, pois as correções em alto tom, vociferadas, eram muito deselegantes.

Ele era convicto. Sabia que a obsessão linguística seria sinônimo da solidão, do abandono. Estava disposto a pagar o preço.

Saindo de uma aula sobre complementos oracionais, é parado no corredor. Olhos nos olhos, firmes, é para Igor a primeira e única declaração na vida:

— *Viso a* um amor como o seu, maníaco em regências.

Igor emocionou-se. Ficou incrédulo. Chorou:

— Sempre *aspirei a* este momento! Sempre.

— Estou aqui, para ser sempre fiel a quaisquer regências. Na saúde ou na doença.

UMA QUASE ODE AO VERBO HAVER

Há algo mais prazeroso que sexta-feira à noite? Há algo mais encantador que beijo da companhia predileta, ao tilintar de taças? Há algo mais belo que pôr do sol anunciando a lua cheia? Não há.

Há algo mais insano que buzina de carro, na esquina travada, enquanto um idoso sente-se incomodado por não rápido andar? Há algo mais mal-educado que escarro à mesa do jantar? Não há.

Há alguma rua mais louca que a avenida Brasil, ao meio-dia, quando é verão carioca? Há algo mais injusto que deixar cão trancafiado enquanto se sai para não mais voltar? Não há.

Há, pois, derrota mais dura que a Copa de 82? Há cena mais triste que a do Wanderley sendo empurrado a caminho do ouro na maratona? Só se for a partida do Senna. Tristezas maiores creio não haver.

Há escrita mais fina que a do velho Machado? Há lirismo mais intenso que o de Pessoa? Há sensualidade crítica maior que a do Nélson (o cronista torcedor do Fluminense)? Não há.

UMA QUASE ODE AO VERBO HAVER

Há rima mais afinada que a de Elis? Voz mais intensa que a de Aretha Franklin? Talvez chegue perto a de Nancy Wilson. Há mulher brasileira mais completa, no palco, que Carmem Miranda? Creio não haver.

Sentado à minha janela aberta, fico aqui usando um dos mais ricos verbos: o haver. Penso — não é à toa que a gramática sempre o dispõe em prateleira especial.

DARIA A VIDA

O futuro do pretérito, símbolo das hipóteses, move o pensamento. Tenho apreço por este exemplo abaixo.

Eu daria a vida pelos meus pais. Nem pensaria um segundo. Daria com riso, profunda gratidão. Se a maior felicidade deles dependesse de minha doação, eu seria — nesse momento — ainda mais feliz.

A gente vive para ver o bem-estar de quem amamos. Com os anos, passamos a amar mais, não porque é de sangue simplesmente, mas o altruísmo com que um casal aceitou sua cria é de arrepiar.

Duas pessoas apaixonam-se. De um ato amoroso, surge uma criatura. Anos e anos longos, o rebento passa a ser irradiado com a melhor das intenções: banho tomado, roupa limpa, escola, brinquedo, habitação, ensinamentos, proteção, valores...

— Peralá! A troco de quê?

Duas pessoas simplesmente param a vida, abrem mão do absurdo, de carreira, de vaidade, de hobbies, do tempo que não volta, da juventude, tudo por causa de um simples alguém. Pergunto: a troco de quê?

Antes mesmo de conhecer um filho, pais apostam uma vida nele; preocupam-se dia e noite com seus enredos; escolhem criteriosamente os caminhos que eles devem tomar e... como qualquer ser humano erram. Erram, querendo acertar.

Se existe uma justiça recíproca, é dar a vida para os pais. Mais do que gesto de amor, é senso de reciprocidade. É senso de que eu sou extremamente feliz por ter olhos que me façam ver que jamais chegaria a lugar algum se não fossem eles (alguns tiveram outros que não de sangue).

Daí, lá vem Deus perguntar: a continuidade da vida de seus pais depende de você:

— Você daria a vida por eles?

Opa! Deus, onde assino o documento, agora, neste exato instante?

OS PORQUÊS

Bendito foi o dia em que Raimundo Nonato descobriu o tablete. Ufanista, fazia questão de aportuguesar os estrangeirismos. Dizia, com um certo ar irônico, preferir tablete a *tablet*.

No alto dos seus 70 anos, passou a ter um novo amigo: o Gó-ó-gle (à brasileira locução). Decidido a desafiar quaisquer memórias, perguntava a quem via pela frente:

— Confira por favor a data de nascimento do cantor Fagner. Porém, já quero antecipar que ele nasceu em 1949, foi registrado na cidade de Orós, mas sua mãe deu à luz em Icó, no Ceará.

Instantes passavam-se. O consultor sorria. Cada informação, disponível na internet, batia com o exposto antes. Não satisfeito, Raimundo expunha:

— No Tribunal, certa feita, em 1981, estive com Adolfo Aranha de Sousa Cruz, também nascido em Icó, no Ceará. Pode conferir. Ele foi Deputado Estadual, pelo extinto PRN. Nesse dia, ouvimos um samba de Cartola, em um bar chamado O Lago, na quadra

343. Ele tinha um relógio Casio, banhado a ouro, e (curioso!) era fã de Raimundo Fagner Cândido Lopes.

Com o tempo, Raimundo, não o Fagner, começou a notar certos erros nos registros da internet. E ficava irritadíssimo...

— Rapaz, como podem registrar isso do Vasco da Gama? Ora essas, o time jamais jogou a Copa dos Estádios nesse ano. O Vasco, em 1974, estava em Lisboa, para um amistoso, o qual ouvi pelo meu rádio Philips, às 17 horas, no bar do Emerêncio, um grande amigo vascaíno. Que história é essa do Gó-ó-gle?

O mais novo genro tentava ser polido:

— Fique tranquilo, seu Raimundo! Nem tudo no *tablet* é correto assim...

Ele tratava de corrigir:

— O tablete precisa andar em concordância com a prosódia dos fatos, como certa feita registrou um amigo meu do Tribunal, fazendo essa curiosa relação poética diante da veracidade dos fatos. Era um cara muito bacana esse meu amigo. Seu nome era Valdir Inácio Santos de Andrade. Detalhe: nasceu em São Leopoldo, no Rio Grande do Sul.

O genro, pouco afeito às questões linguísticas, questionava:

— O que é prosódia?

Gentil, sorrindo em sopros, sem mexer quase nada os lábios, ia fundo à memória linguística:

— Prosódia, meu amigo, relaciona-se à ortofonia; à forma correta como os vocábulos devem ser pronunciados. São questões da ortoépia ou ortoepia. Curiosa essa dupla aceitação de "ortoépia" e "ortoepia", resquícios da etimologia grega!

— Ah, sim! — dizia compreender o genro, coçando a cabeça.

De tanto decorar números, fatos, pessoas, datas, cidades e conceitos, ao lado do tablete, Raimundo resolveu dar um salto na rotina. Passou a ser adivinho de resultados futebolísticos, em sítios de apostas. Ele odiava a palavra *"site"*.

Chamou um amigo e decidiram, então, apostar. E assim foi... qualquer jogo, de qualquer divisão, Raimundo era assertivo, preciso, como uma espécie de Roberto Dinamite quando jogava. Tinha índices altíssimos de acerto. Ganhava uma "bolada", nome dado a quem ganha um bom dinheiro.

A coisa foi ganhando outras proporções, até que esse "amigo" desenvolveu uma sistemática do golpe, para burlar de Raimundo. A tentativa foi inútil:

— Seu Raimundo, nosso bilhete 23579 não foi premiado na classe máster.

Ele questionou:

— Por quê?

— Porque Náutico e Sport empataram, no jogo de terça-feira. — gaguejou o "amigo", querendo pagar-lhe menos do que deveria.

Sempre muito gentil e irônico, respondeu Raimundo:

— No aportuguesado Gó-ó-gle de minhas lembranças, Náutico teve enorme êxito diante do futebolístico. No entanto, peço minhas escusas, caso esteja enganado.

— É, o senhor se enganou. Vou ler aqui!

Como Raimundo estivera com a visão comprometida, consequência diabética, apenas complementou:

— Você está certo! Muito obrigado, pois sei que é um cara muito bacana!

Após a saída do sujeito, Raimundo chamou a esposa e disse:

— Sabe como sei que fui enganado neste momento, Márcia?

Ela, atônita, pergunta:

— Como?

— A leitura em gaguejo guarda a víbora da mentira. — respondeu.

Márcia, a esposa, complementou:

— É, Raimundo! Ninguém engana os homens de boa memória. Nem o tablete, né?

CONVIVER

A boa convivência tem um quê de olímpico. A boa convivência exige esforço, sacrifício, diligência, zelo, empenho, dedicação, harmonia.

Esforço para os dias de mau humor; para os dias em que os músculos estão enrijecidos; para os dias em que nem o café adocica ânimos; para os dias sem poesia.

Sacrifício para abrir mão de preferências; abrir mão do prato predileto; abrir mão de decisão quase presidencial, sorrir pelo que vem do alheio.

Quem convive bem pratica a diligência, o imponente cuidado afetivo, a nobre disciplina diante daquelas pessoas com quem se convive. Diligência — a presteza tão necessária ao ambiente social.

Ademais, tanto a amizade como a relação meramente diplomática exigem seres zelosos, cuidadosos, timbrados por reciprocidade. O zelo é o oxigênio para qualquer relação — diria o poeta de rua ou do Instagram.

Zelo tem a ver com o empenhar-se, verbo pronominal, afinado diante da conjugação humana: eu me empenho, tu te empenhas, nós nos empenhamos:

— Deixo-lhe meu bom-dia!

— Bom-dia! — sorri o outro.

Energia contemplativa tem quem retribui.

Dedicação, sim, a palavra mais olímpica que conheço. É dia a dia. É repetição. É hábito. É o mergulhar-se, sorridente, na mesma piscina todos os dias. É o pedalar a mesma bicicleta, sobre o mesmo asfalto, exalando prazerosa sensação. É o correr pelos parques da vida, suando para não ser inconveniente, pedindo perdão quando assim for.

O ser dedicado a entender o outro tem a medalha de ouro da vida. Consegue ser líder. Entende o próximo. Vive os dias com esforço, zelo, diligência, empenho, alegria. Rima os dias com sede de saber.

VERBO TRANSITIVO DIRETO

Transitar é deslocar-se; é ser aceito; é mudar de condição. Se existe trânsito, existe passagem, nas ruas e nos verbos. A gramática ensina para além dos textos: ensina à vida.

Onde houver ordem, o caos, as ambiguidades e as incompreensões estarão mais distantes.

Um forte exemplo disso é o verbo transitivo direto. Ele, por vir desacompanhado da preposição, tem no objeto direto uma possibilidade de complemento a uma oração reconfortante.

— Disse o quê? — indaga o policial.

— Eu... peço... desculpas.

"Desculpas" é um objeto direto dos que reconhecem o erro. Ainda a complementar a sentença, amplia o período (agora composto):

— Eu peço desculpas e comprometo-me a pagar pelo erro.

Satisfeito pela resposta, o policial exala um tom empático:

— O trânsito desta metrópole é complexo e desumano. Entendo a senhora, mas terei que aplicar uma rígida multa.

De imediato, esboça uma positiva reação, recorrendo a mais um verbo (transitivo direto):

— Eu... aceito... a penalização.

Por sorte, a condutora infeliz colidira o veículo com alguém gentil, que — pensativo — profere uma afirmação surpreendente:

— Senhora, qualquer um, em meio a este trânsito caótico, está sujeito a um acidente. Mesmo que seja culpa sua, agradeço tamanha disposição em perceber para reparar.

Nessa conversa, rara em dias corridos, estão três: a consciente, o servidor e o compreensivo. Pronto! As estruturas oracionais estão livres do engarrafamento de egos, para um trânsito direto, humano e pacífico.

Por vê-la um pouco trêmula, o policial decide sugerir (em mais um verbo transitivo direto) um calmante:

— A senhora... quer... um chá? Tenho uma garrafa na viatura.

Feliz, ela agradece, mas diz estar atrasada. Assina a multa, mas precisa dar um grito à própria alma. Pede um dado ao motorista:

— Eu... quero... o número da sua conta bancária. Farei um depósito agora.

O motorista responde:

— Faça assim. Melhor. Este é o meu número telefônico. Telefone e iremos a uma oficina mecânica, para achar algo justo para os dois.

O aperto de mãos dá outro significado ao episódio, marcado por uma sintaxe humana, respeitosa. Para o registro final, ela decide agradecer:

— Muito obrigada! A maneira como me reportaram aqui é o que as ruas e os diálogos necessitam: um trânsito apaziguado por orações.

ÚLTIMA — UMA PROPAROXÍTONA

Última. Pode ser. Nunca se sabe. Pode ser a última vez. Pode ser o último gole. Pode ser o último aceno, a última chance, o último pôr do sol.

Última é uma palavra que guarda um alerta: a vida pode ser suprema, elevada, intensa, diante da consciência sobre brevidade. A rotina última está banhada pela simplicidade de gestos, versos, declarações, escolhas e gente.

Ela, a rotina última, virá servida com a verdade, com a coragem de corações genuínos, que — apesar das imperfeições — aumentarão a valsa na sala de estar do altruísmo. Ouvirão música e dançarão abraçados. Adormecerão tão felizes que as paredes aplaudirão a cumplicidade de quem encontrou a alma última dos sonhos.

São assim amigos, talvez vizinhos, namorados, cônjuges, irmãos, primos... quem está disposto a fazer da vida a beleza última chegará à supremacia do inesquecível. Para o perdão, ouvirá a campainha da finitude e deixará as janelas auditivas abertas, a fim de reconstruir. Os conflitos, aos dispostos a saberem que pode ser o último dia, são tempestades. Elas hão de passar. O abrigo será coberto por compaixão. O humano último pede e tem piedade, porque sabe que pode ser... a última vez.

Por um destino, alguns sabem que é chegada a hora. Pedem a presença de entes queridos, reúnem-nos e deixam pedidos e cartas. Alertam os próximos e registram, à caneta da mais fina ponta da sinceridade, implorando por mais alma em tudo o que será (e deve) ser feito. Olham para o retrovisor, veem acertos, erros, buscando deixar uma mensagem que reverbere quão suprema a jornada merece ser.

Vejam arte, corram menos, ajudem os bichos, tomem banho de chuva, leiam, declarem-se, nadem no mar, sonhem, busquem os sonhos, revejam fotos, relembrem conquistas, tenham mais fé, resgatem festas antigas, façam outras à fantasia, percam as horas ao estarem alegres, verbalizem mais, mandem flores, presentes dóceis, acreditem, estejam despidos de rancores, deixem de odiar o carnaval, dancem, dancem, até que as reticências daqueles momentos valham tudo, absolutamente tudo.

Pode ser o último mês, o último Natal, o último Ano-Novo, mas que nunca seja a última vez em que toda a coragem de ser seja para amar e ser feliz, em instância última.

Última.